Inhalt

Herstellung und Verlag:
© 2017
Herstellung und Verlag: BoD – Books on Demand,
Norderstedt.
ISBN: 9783848219308

Vorwort

Willkommen in der Welt des Reenactment. Weißt du schon, wohin dein Weg dich führt?

Einerseits hast du vielleicht bereits ein Thema gefunden das dich reizt. Doch es interessiert niemanden außer dir.

Andererseits findest du erfahrene Reenactor bei deinen Recherchen, die glauben, jeder, auch du als Neuling, müsstest alles wissen. Dabei haben sie nur vergessen, dass jeder klein begonnen hat.

Andere Reenactor reagieren scheinbar arrogant auf die einfachsten Fragen. Oft können sie die immer gleichen Fragen einfach nicht mehr hören.

Wie oft meinen zwei Personen das Gleiche, reden aber aneinander vorbei?

Wir kennen diese Situationen von beiden Seiten. Vor vielen Jahren begannen wir selber damit vorsichtig ins Reenactment reinzuschnuppern, nachdem wir einige Jahre LARP-Erfahrungen hinter uns hatten.

Um anderen Neulingen ähnliche Situationen zu ersparen oder zumindest zu erleichtern, haben wir uns schließlich entschlossen, dieses kleine „Handbuch für Anfänger" zu gestalten. Hier kannst du die wichtigsten Punkte für einen beginnenden Reenactor nachlesen.

Reenactment / Living History

Warum machen wir das?

Im „Living History" kannst du für eine bestimmte Zeitspanne in eine andere Welt eintauchen. Deine alltäglichen Sorgen bleiben außen vor. Im Reenactment lassen sich moderne Anforderungen und Herausforderungen des modernen Lebens für kurze Zeit beiseiteschieben.

Im Reenactment lassen sich Fertigkeiten und Fähigkeiten unseren Ahnen trainieren. Für sie bedeuteten diese Kenntnisse häufig den Unterschied zwischen Leben und Tod. Für uns hingegen ist es eine Möglichkeit altes Wissen zu bewahren.

Ob du dich mehr für das Kochen historischer Rezepte, das Fertigen von Kleidern nach überlieferten Schnitten oder dem Beherrschen von Schwert und Axt interessiert ist zweitrangig.

Viel wichtiger ist es, mit allen Sinnen den Atem der Vergangenheit zu spüren. Irgendwann ist der Moment gekommen, wo du am Lagerfeuer sitzt, mit Gleichgesinnten plauderst und im Herzen spürst „jetzt bist du angekommen".

Nicht alles in der Vergangenheit war Glamour und edel. Es herrschten Hunger, Seuchen und verschiedene Ungerechtigkeiten. Das eigene Überleben stand häufig an oberster Stelle. Ernsthafte Reenactor wissen um die weniger angenehmen Aspekte der Vergangenheit. Sicherheiten für ein langes, gesundes Leben gab es nicht.

Als Reenactor sehen wir es als unsere Aufgabe an, die Vergangenheit zu „be"wahren. Wir wollen Erfahrungen machen, wollen wissen, was unsere Ahnen uns nicht mehr erzählen können. Wir wollen unseren Kindern und deren Kindern vermitteln, was leicht vergessen wird: Alles ersteht aus der Geschichte, entwickelt sich vorwärts, Errungenschaften, die viele Jahrhunderte später noch massive Auswirkungen hatten und späteren Generationen Wissen und Wohlstand brachten.

Reenactor bewahren Wissen für künftige Generationen!

Fängst du an dich mit einer Epoche zu befassen, wirst du mit der Zeit tiefer in die Materie vordringen. Du wirst Bücher lesen, wirst Dokumentationen sehen, dich mit Filmen und Serien befassen, bis du glaubst alles zu wissen. Reenactment und „Living History" ist ein Hobby für das ganze Leben. Egal, wie viel du zu wissen glaubst, es kommen immer neue Themen, neue Erkenntnisse und neue Kontakte dazu. Reenactor sind wie Detektive. Wir kitzeln auch die kleinste Information aus Unterlagen.

<u>Anfänger stecken voller Begeisterung, bis sie die wahren Ausmaße begreifen.</u>

Es liegt an dir, wie weit du dich auf dieses Thema einlassen möchtest und wirst. Wie tief du eintauchen möchtest, entscheidest du selber.

Besuchst du Events und triffst andere Reenactor, siehst du strahlende Gesichter und leuchtende Augen. Du erkennst Begeisterung, die gern geteilt wird. Viele haben über Jahre große Sammlungen aufgebaut, Hunderte Stunden in Forschung, Näharbeiten, Bauen von Kleidung oder Equipment und Ausrüstung investiert, Fähigkeiten und Fertigkeiten erworben. Nicht zu vergessen die Originale, die sie oft teuer gekauft haben.

Die meisten Reenactor zeigen gern, was sie haben. Das Glück besteht darin, mit anderen das Interesse zu teilen.
Hier ist vor allem Interesse und „guter Wille" des Anfängers gefragt. Arroganz und „sofort alles haben wollen" sind eine ungünstige Kombination.

„Living History"
gelebte Geschichte

Darunter fallen Reenactment, experimentelle Archäologie, LARP mit historischen Einflüssen, die Mittelalterszene und vieles mehr.

Im „Living History" wird das Leben einer bestimmten, historischen Epoche nachgestellt. Hier verschmelzen eigenes Experimentieren mit Forschen, praktischem Ausprobieren und vielem mehr.

Reenactor können stundenlang über die korrekte Art eine Naht zu nähen diskutieren, ob eine Falte am Kleidersaum richtig liegt oder wie historisch korrekt gejagt und gekocht wurde. Jeder Teil des Lebens spielt eine Rolle, ob es sich um Alltägliches, Technik oder Handwerk handelt ist zweitrangig. Ein Merkmal dieses Hobby beinhaltet intensive Recherche und Nachforschung.

Vielfach wissen Reenactor mehr über eine bestimmte Epoche, als Geschichtsprofessoren und Historiker.

„Living History" entwickelt sich beständig weiter. Forschungen, neue Erkenntnisse und fachlich versierte Reenactor bringen das Hobby jedes Jahr ein Stück voran und erwecken die Vergangenheit zu neuem Leben.

<u>Merkmal:</u>
quellennah, authentisch und realistisch

Reenactment
Nachstellung des historischen Lebens einer bestimmten Epoche

Vom Nachkochen historischer Rezepte, über historische Handwerkstechniken bis zum Nachleben des Alltags (Bräuche, Familienleben und vieles mehr), fällt alles unter diesem Oberbegriff.

[8]

<u>Merkmal:</u>
konkrete, kaum abweichende Darstellung historischer
Ereignisse

Militärisches Reenactment

Neben zivilen Charakteren bietet das „militärische
Reenactment" eine interessante Alternative.
Kriege und Konflikte sind bis heute Teil der menschlichen
Vergangenheit.

Dennoch scheiden sich hier die Geister. Je weiter der Konflikt
zurück liegt, umso eher wird dieser Teilaspekt des „Living
History" akzeptiert. Blankwaffen wie Schwerter oder
Steinschlossgewehre wirken auf Zuseher „harmloser" als
modernere Modelle wie eine typische Waffe aus dem
Vietnamkrieg.

Möchtest du einen militärischen Charakter darstellen,
informiere dich vorab über die Waffen- und Uniformgesetze
deines Landes!

Sind Zuseher bei einer Veranstaltung anwesend, achte darauf,
das Publikum nicht unbeaufsichtigt an Waffen heranzulassen.
Besonders Kinderhände haben daran nichts verloren.

<u>Merkmal:</u>
Militärisches (soldatisches) Outfit und Bewaffnung nach
gewählter Epoche

Wie authentisch darf es sein?

Schubladendenken gehört nicht zum Reenactment. Dachten wir anfangs auch. Doch bald wurde uns klar, dass es ohne gewisse Unterteilungen einfach nicht geht.
Wichtig ist nur, es sind grobe Einteilungen – nicht mehr! Denn schlussendlich versteht sich jeder als doch als einzigartig!

Bei genauer Betrachtung ist leicht zu erkennen, wie unterschiedlich Reenactor ihr Hobby betreiben. Beachte, dass jede Gruppe ihre Berechtigung hat. Reenactment lebt schließlich auch von der Toleranz des Gegen- und Miteinander.

Mainstreamer

Geht es dir vorrangig um die äußere Präsentation, weniger um das tatsächliche Dahinter, wirst du dich hier wohlfühlen. Im Regelfall herrscht hier eine *"Dies ist nur Hobby"*-Mentalität vor. Originalkleidung und -ausrüstung finden sich selten, moderne Stoffe, Kleidung mit modernen Stoffen und Kartoffeln in mittelalterlichen Speisen sind hier kein Drama.

Reenactment hat Volksfestcharakter und ist familientauglich aufbereitet.

Selten taucht diese Gruppe tief in die Geschichte ein. Es reicht einfache Oberflächlichkeit. Die Kosten bleiben überschaubar.

Progressive

Wie hole ich aus meinen Finanzen das Beste heraus?

Vielfach herrscht eine „*1. Person*" Mentalität. Originale sind erwünscht, aber nicht um jeden Preis. 100% Authentizität darfst du hier nicht erwarten. Die Möglichkeit der freien Interpretation wird sehr geschätzt. Sammler und Liebhaber alter Dinge fühlen sich hier wohl.

Hardcore

Hier triffst du auf die größtmögliche Authentizität in vielen Abstufungen.

Vom Einzelkämpfer, der das Hobby für sich allein betreibt bis zu Veranstaltern ist alles vertreten. Ihnen geht es um das tatsächliche Erleben einer alten Zeit. Unter ihnen findest du viele „Perfektionisten". Einige investieren ihren gesamten Verdienst in dieses Hobby, andere versuchen selbst Beschwernisse von einst nachzuempfinden.

Wohin möchtest du im Hobby?

Die hier aufgelisteten Gruppen sind lediglich als grobe Einteilung zu verstehen. Die Grenzen fließen leicht ineinander über. Es beginnt bei denen, die im Faschingsgeschäft

Prinzessinenkleider kaufen und „verkleiden spielen" und endet dort, wo Hardcore-Reenctor ihr ganzes Sein nur noch auf „ihr" Thema ausrichten.

Anfänglich wissen die Wenigsten, wo sie zu guter Letzt landen werden. Sei offen für die Möglichkeiten, dann hast du auch am Meisten davon!

Authentische Darstellung

Wie weit geht dein Interesse? Reicht es dir ein einfaches „Faschingskostüm" zu tragen oder möchtest du mehr? Je originaler du deinen Charakter darstellen willst, umso tiefer wirst du dich mit der Materie auseinandersetzen.

Ein einfaches Beispiel findet sich in der Optik. Heute wandert schmutzige Kleidung in die Waschmaschine und kommt sauber raus. Die Uniform eines Frontsoldaten, der lange Monate im Feld blieb, war alles andere als sauber und rein. Sie war zerschlissen, notdürftig geflickt und stank manchmal gotterbärmlich.

Dementsprechend kannst du deine Kleidung anpassen, sie „gebrauchter" wirken lassen. Für manche Rollen ist ein „Used Look" nahezu unerlässlich.
Künstlich Material älter wirken lassen ist ein gutes Mittel zum Zweck. Dazu reichen ein paar Grasflecken, Schmutz auf den Schuhen oder Flicken auf den Hosen, obwohl sich darunter kein Loch befindet.

Die Kleidung sollte eine, der Zeit angemessene, Abnutzung aufweisen. Dabei darf sie gern aufgetragen wirken. Es geht nicht darum ungepflegt zu sein (obwohl manche Reenactor es großartig hinbekommen, ohne es zu sein), sondern darum, authentischer zu wirken.

Dazu kommen die Materialien. Sie sollten der Epoche entsprechen, in der du deinen Charakter angesiedelt hast. Natürlich ist es möglich auf echtes Leder zu verzichten und Kunstleder zu verwenden – sofern es dem echten zum Verwechseln ähnelt.

Für Reenactor unpassend sind Materialien wie Panneesamt. Diese werden zwar gern für Prinzessinnenkleider verwendet, doch sind sie nicht authentisch! Lass von derartigen Materialien die Finger, wenn du tatsächlich reenacten willst.

Gleiches gilt für Schuhwerk oder „Accessoires" wie Brillen. Passe deine Wahl der jeweiligen Epoche, aber auch dem jeweiligen Status deiner Rolle an.

Ein gern zitiertes Thema ist die Farbenwahl. Nehmen wir dafür das Mittelalter als Beispiel. Farben sollten der Person und ihrem Rang angemessen sein. Der Adel nutzte vielfach leuchtende Farben wie Grasgrün, Scharlachrot oder Azurblau. Bauern trugen eher das Grau ungefärbter Wolle.
Manche Farben war man gezwungen zu tragen. Gilwerinnen (mittelhochdeutsch für Huren) hatten meist etwas Gelbes zu tragen. Ähnliches galt für Juden.

Mit der Zeit lernst du auf winzigste Details zu achten und anhand der Kleidung den Rang zu erkennen!

Vorbereitung

Nach vielen Jahren LARP entdeckten wir eine neue „Welt", das Reenactment.
Es faszinierte uns, hielt Neues bereit.
Schließlich beschlossen wir darin einzutauchen. Doch wo beginnen? Wir wählten den gleichen Weg wie für das LARP und stürzten uns blindlings hinein. Finanziell war es ein Fehler, doch gelernt haben wir sehr viel daraus – vor allem, wie man es NICHT macht!

Auslöser für das Interesse am Reenactment kann alles Mögliche sein. Ein spannender Film, eine bewegende Geschichte, ein anderes Hobby, das dich in diese Richtung bringt, die Freude am Verkleiden oder ein jahrelanges, latentes Interesse an der Vergangenheit. Manchmal ist der Auslöser auch gar nicht zu eruieren.

Vielleicht hat es in einem Museum „Klick" gemacht, oder du magst Dokumentationen zu bestimmten Themen. Möglicherweise hat auch etwas anderes dein Interesse geweckt. Häufig spielen Filme und/oder Serien hier kräftig mit rein.

In dieser Phase der Orientierung entwickelt sich die erste Entscheidung für ein eigenes „Alter Ego" mit fiktiver Hintergrundgeschichte und passendem Namen.

Kosten

Beginne klein! Gib nicht sofort ein Vermögen aus, du weißt noch nicht, ob dir die Epoche und deine Rolle wirklich liegen. Das erkennst du erst nach einer Weile.

Bist du handwerklich geschickt kannst du einiges selbst fertigen. Reenactment sollte keine Frage der großen Ausgaben sein, sondern eine Frage des Herzblutes, das du investieren willst. Natürlich kannst du alles kaufen und ein Vermögen investieren. Nötig ist es im Regelfall nicht!

Bedenke dabei, wenn du etwas kaufst, woher du es bekommen kannst. Anschaffungskosten haben viel mit deinem Umfeld zu tun. Beispielsweise lassen sich in Amerika leicht Materialien aus amerikanischen Konflikten günstig kaufen (Knöpfe, Schnallen, …). Vieles davon bekommst du in Europa gar nicht. Bestellst du sie dir aus Übersee, dann ist oft hoher Zoll zu zahlen.

Im deutschsprachigen Raum fehlen häufig Schnittmuster und Schneidereien, die dir wirklich helfen können (und wollen!). Moderne und historische Schneiderarbeiten haben zwar Parallelen, aber sie unterscheiden sich auch voneinander! Ähnliches kennst du sicher von Damen- und Herrenschneidern! Leider hinkt Europa hier stark hinter Amerika nach!

Besonders als Anfänger brauchst du keine Bedenken haben, wenn dir einiges fehlt! Jeder hat einmal bei Null begonnen.

Das Wichtigste am Hobby sind schließlich Spaß und Enthusiasmus an der Sache, Leidenschaft für das Thema und Wissbegier, sowie der sichtbare und erkennbare Wille sich weiterzubilden und im Hobby einzutauchen.

Alter Ego – fiktive Rolle

Im Reenactment ist es Gang und Gäbe sich ein „Alter Ego" zu erschaffen oder zu wählen. Das kann entweder eine Person sein, der du dich eng verbunden fühlst, oder eine künstlich erschaffene Persönlichkeit.

Alter Ego setzt sich aus aus dem Wort „alter" (der andere) und dem Wort „ego" (ich) zusammen.
Zurück geht die Bezeichnung auf Cicero (römischer Politiker und Philosoph), der wiederum auf einen Ausspruch Zenos zurückgriff. Zu finden ist es in *Laelius de amicitia 21, 80 schrieb: verus amicus [...] est [...] tamquam alter idem* (‚Ein wahrer Freund ist gleichsam ein zweites Selbst').

Die meisten Reenactor wählen sich ein „Alter Ego", versehen diese Figur mit einem passenden Namen und einer entsprechenden Hintergrundgeschichte.
Zwingend erforderlich ist es nicht, hilfreich hingegen schon.

Realismus

Befasst du dich mit deiner Rolle genauer, merkst du bald, was du darstellen kannst (und möchtest) und was nicht. Liegt dir die gewählte Rolle? Kannst du dich für diese Epoche begeistern? Fehlt dir der Funke für das ursprünglich Gewählte?

Bist du mit deiner ersten Wahl (aus welchem Grund auch immer) nicht zufrieden, dann denk über einen Wechsel nach. Das ist keineswegs unüblich! Viele Reenactor haben mehrere Alter Egos über verschiedene Epochen verstreut.

Mach dir selber bewusst, was dir liegt, wofür du dich begeistern kannst und was du darstellen kannst UND möchtest. Achte auf authentische Kleidung, Ausrüstung und Verhalten.

Tipp:
 Ein „hätte ja so sein können" passt nicht zum Reenacten. Wir sind bemüht die Vergangenheit möglichst authentisch nachzustellen.

Wie weit bist du bereit in dieses Hobby einzutauchen?

Wie stelle ich einen Charakter dar?

Aller Anfang ist schwer. Wer Erfahrungen mit LARP hat kennt diese Thematik nur zu gut. Es ist DEINE Rolle, DEIN Charakter. Du setzt ihn in eine Welt und siehst, wie er/sie sich darin entwickelt, formt und weiser wird. Es ist wie ein Spiel, mit klaren Regeln. Und doch ist es viel mehr.

Wähle die Epoche!

Jeder hat für irgendeine Epoche ein besonderes Faible. Welche Zeit interessiert dich ganz besonders? Könntest du dir vorstellen darin zu leben? Wäre es dir möglich auf Smartphone und Elektrik zu verzichten und stattdessen am heimischen Herd ein Wikingeressen zuzubereiten oder Fell zu gerben nach überlieferten Methoden?

Wie wärest du bereit zu leben? Das beantwortet gleich von vorneweg dem Unentschlossenen die Frage nach der Epoche. Wer es nicht einmal ein Wochenende schafft gänzlich auf die modernen Dinge zu verzichten wird mit Reenactment nur bedingt glücklich sein.

In diesen Fällen bietet sich als Alternative beispielsweise die 60er Jahre an.

Für nahezu jede Epoche gibt es mittlerweile Gruppen, Verbände oder Vereine, die sich einer bestimmten Zeit widmen. Einige von ihnen machen sich sehr viel Arbeit und Mühe um konkrete, geschichtliche Ereignisse nachzustellen.

Von der Liebe zum Thema profitieren auch Gemeinden, Gastwirte und andere Geschäfte vorort. Dies gilt gleichermaßen für die simple Nachstellung eines Wildwest-Saloons ebenso wie für Mittelalterfeste oder die Gladiatorenspiele in Carnuntum.

Erwirb Kenntnisse!

Befass dich mit deiner Wahl genauer. Wie sah es politisch aus. Wie waren die modischen Regeln? Welche Kleidung wurde getragen? Welche Musik wurde gehört oder selber gemacht? Wie war die gesellschaftliche (Gesamt)Situation? Stell dir die Fragen, die du einem Zeitzeugen stellen würdest und beginn deine Recherchen!

Hast du die Möglichkeit, befrag Veteranen und Zeitzeugen. Lies Sachbücher, sieh dir Dokumentationen an und recherchiere.

Keiner fängt als Mega-Experte an. Neuere Erkenntnisse können altes, bisherig gültiges Wissen leicht überholen.

Die wenigsten Reenactor erwarten sofort ultimative
Kenntnisse bei einem Neuling. Basiskenntnisse und Interesse
reichen im Regelfall völlig aus!

deine Rolle – dein Charakter

Was willst du darstellen?

Männer:
Soldat, Söldner, Zivilist, Journalist, Mediziner, Geistlicher,
Bettler …
Frauen:
medizinisches Personal, Zivilist, Journalist, Ehefrau und/oder
Mutter, leichtes Mädchen …

- Woher kommt er/sie?
- Was ist der Background?
- Hat er/sie Familie?
- Warum ist er/sie gerade dort?
- Welche Motivation steckt dahinter?
- Wohin tendiert dein Charakter?
- Ist er/sie politisch und/oder sozial engagiert?
- Was interessiert ihn/sie persönlich?

Wann lebt dein Charakter?

Je nach Epoche gibt es verschiedene Möglichkeiten der
Darstellung. Begrenze anfänglich deinen Recherchezeitraum,
geh gezielt darauf ein. Dadurch kannst du Stilbrüche
zumindest einschränken.

<u>Wo lebt dein Charakter?</u>

Zeit und Ort prägen deinen Charakter kulturell, gesellschaftlich und modisch. Manche Marotte kommt durch das geforderte, anerzogene Verhalten, anderes durch innere oder äußere Rebellion.

Vergleich eine Südstaatenlady des 18. Jahrhunderts mit einer Angehörigen des WAC (Women's Army Corps) des Jahres 1943. Beide mögen ähnliche Charakterzüge haben, aber verhalten sich dennoch anders!

Kleiderordnungen und vieles mehr spielen hier eine große Rolle. Jeder von uns ist geprägt vom Ort der Kindheit, vom Umfeld, in dem wir aufwuchsen. Bedenke dies bei deiner Charaktergenerierung.

<u>Wie stelle ich den Charakter dar?</u>

Hier kommt es darauf an, was du darstellen möchtest.

Darsteller von militärischen Personen sollten keinerlei Berührungsängste zur Waffe haben. Charaktere mit Heilerhintergrund sollten zumindest rudimentäre Kenntnisse haben. Wer Köche spielt sollte zumindest Essen „einschmuggeln" können.

Das meiste lässt sich lernen. Berührungsängste können vergehen!

Stell dir einfach die Frage, ob du mit der Rolle wirklich glücklich werden könntest. Könntest du dich mit der Rolle einer Hausfrau der 50er Jahre anfreunden, wenn du dich eher als emanzipiert betrachtest? Wärest du bereit körperliches Training auf dich zu nehmen, um einen kräftigen Krieger darzustellen?

<u>Über welche Mittel verfügst du?</u>

Vieles lässt sich günstig als Replika erwerben.

Geld ist aber nicht alles. Mit Mittel sind auch Zeit und Energie gemeint. Welche Recherchequellen nutzt du? Hast du Zeit für Museumsbesuche?

Was bist du bereit in deine Rolle zu investieren?

<u>Es ist deine Wahl! Sei trotzdem realistisch!</u>

Sieh dich an, bist du zart oder kräftig gebaut? Welche Haar- und Augenfarbe hast du? Wie bewegst du dich? Wie gut bist du in Rhetorik? Das und vieles mehr spielt eine Rolle bei deiner Darstellung.

Du kannst vieles darstellen – wenn du es möchtest! Generell gilt - was du spielen kannst, sollst du spielen dürfen. In manchen Fällen wirst du dich einfach mehr anstrengen oder anpassen müssen. Dies können andersfärbige Kontaktlinsen oder Perücken ebenso sein, wie eine andere Art zu gehen oder generell schauspielerisches Talent zu entfalten. Manchmal braucht es auch Make-Up um Falten zu schminken oder sich etwas Erde unter die Nägel zu reiben, wenn du einen Bettler spielen möchtest.

[22]

Tipp:
Beachte ehemalige gesellschaftliche Regeln.
Du kannst zwar alles Mögliche darstellen, aber
wähle einen passenden Hintergrund.
Beispielsweise waren früher hohe Militärränge
für einfaches Fußvolk praktisch unmöglich zu
erlangen. Wie erklärst du, wenn du einem
Bauernburschen plötzlich die Rolle eines
Offiziers gibst?
Andererseits können Frauen Krieger und
Soldaten darstellen, wenn sie sich als solche zu
benehmen wissen. „Mädchenhaftes"
Verhalten hat hier nichts verloren!

Wirf einen Blick zu amerikanischen Reenactorgruppen. Dort stellen sie dar was sie darstellen können UND wollen!

Passe deine Hintergrundgeschichte an. Such dir zeitlich angemessenen Namen und Background (Familie, Bildungsstand, Alter und mehr) aus. Denk über die Motivation deines Charakters nach.

<u>Wichtig!</u>

Erschaffe dir einen Background für deinen Charakter, der zumindest halbwegs glaubwürdig und realistisch ist.

<u>Vorsicht!</u>

Beachte die Gesetze des Landes, in dem du dich aufhältst. Beispielsweise haben das deutsche und österreichische Gesetz Einschränkungen oder gänzliche Verbote für die Zeit des 2. Weltkriegs. In den USA wiederum wird die Konföderiertenflagge nicht immer gern gesehen. Sie ist umstritten und wird gern von rassistischen Vereinigungen als Ausdruck ihrer politischen Grundhaltung verwendet. Informiere dich, BEVOR du etwas darstellst, wie die Gesetzeslage ist.

Ausrüstung und Equipment

Stell dir eine Liste benötigter Dinge zusammen. Gibt es Standardausrüstung für Anfänger? Verkauft jemand „Sorglospakete" (beispielsweise, wenn jemand eine ganze Sammlung auflöst) mit denen du sofort loslegen kannst?

Dein gewählter Charakter gibt vor, was du benötigst. Das können eine zeitgemäße Uniform, Handwerkszeug oder anderes sein. Was führt deine Figur mit sich? Ist es eine alte Bibel oder ein Schwert? Brauchst du einen Kochtopf oder einen Sack mit Lumpen?

Kümmer dich zuerst um die Wichtigsten Dinge. Der Rest kommt mit der Zeit von selbst!

- **Soldat**
  Uniform, Gear und Waffen
- **medizinisches Personal**
  entsprechende Kleidung und Material
- **Journalist**
  entsprechende Kleidung und/oder Uniform, Equipment wie Fotoapparat und/oder Schreibblock
- **Zivilist**
  der Zeit entsprechende Kleidung und Arbeit- oder Freizeitmaterial

Keinesfalls sollten Sachen dabei sein, die es zu der von dir gewählten Epoche noch nicht gab!

Mit der Zeit kommen neue Dinge dazu, andere fallen weg. Wie dein Charakter, wird sich auch deine Ausrüstung weiterentwickeln. Je nach Wunsch, finanziellen Möglichkeiten, Kreativität und einem gleichermaßen interessierten Umfeld ist es lediglich eine Zeitfrage, bis du stückweise deine Ausrüstung authentischer gestaltest.

Ein absolut essentieller Teil deiner Darstellung, besteht in der Kleidung und deiner mitgeführten Ausrüstung. Am Besten ist, wenn du damit beginnst. Denn die Kleidung hast du stets sichtbar bei dir!

Erhaltene Kleidung

Erst ab der Renaissance gibt es, teilweise bewusst erhaltene Kleidungsstücke. Meist waren es Erbstücke, die in der Familie weitergegeben wurden.

Die Kleidung einfacher Leute wird im Regelfall nicht erwähnt! Kleidung wurde getragen, bis sie verschlissen war. Kleiderreste bekamen neues Leben, indem sie zu Decken und anderen Gebrauchsgütern verarbeitet wurden.

Je jünger die Zeit ist, die du darzustellen gedenkst, umso mehr erhaltene Stücke gibt es. In vielen Museen wirst du diesbezüglich fündig.

Anfänglich war Kleidung teuer. Erst mit der Erfindung der Nähmaschine veränderte sich der Nähprozess und damit setzte eine Massenfertigung sondergleichen ein. Die Preise für Kleidung sank dadurch drastisch.

Originale und Abbildungen

Glaub nicht alles, was du in Foren liest, sondern ermittle für dich passende Quellen. Erhaltene Kleidungsstücke sind die wichtigste Quelle. Sie zeigen Struktur, Schnitt und vieles mehr, was du für dein Outfit nutzen kannst. Als nächste Quelle bieten sich Abbildungen, Plastiken, Statuen, Gemälde und ähnliches an. Besonders gut eignen sich Fotos, wenn du einen Charakter des 20. oder 19. Jahrhunderts darstellen möchtest. Farbe, Farbkompositionen, Zeitgeschmack sowie Accessoires helfen dir, dein optisches Erscheinungsbild zu vervollkommnen.

Schneiderbücher

Mit Beginn der Renaissance finden sich zeitgenössische Schneiderbücher, die du als Referenzquelle heranziehen kannst. Darin erfährst du vorrangig etwas über die effektive Nutzung der Stoffe

Besonders bei Damenkleidern ist es leicht eine helfende Hand beim Schneidern zu finden. Viele historische Schnitte finden sich bis heute in der Brautmode wieder. In punkto Herrenmode ist dies deutlich schwerer!

Kostümgeschichte - Überblick

Anfänglich trugen Menschen meist tierisches Material wie Leder oder Fell. Später kamen Methoden wie Spinnen und Weben dazu.

Ab dem 14ten Jahrhundert begann sich aus einfacher Kleidung neue Schneiderkunst zu entwickeln. Körperformen sollte so optisch verstärkt zur Geltung kommen. Dies mag das Zeigen des Beines beim Mann ebenso sein, wie vertieftes Dekolleté und Taille bei Frauen.

Mit der Renaissance wanderte die Taille der Frauen nach oben, es wurde enger geschnürt und mit Unmengen an Stoffen aufgebauscht.

Mit dem 16. Jahrhundert entstanden erste, extravagante Hosenformen. In Spanien bekamen Frauen eine kegelförmige Schnürung verpasst. Männer hatten sich mit kugelförmigen Hosen zu arrangieren. Wenig später kam der Reifrock ins Spiel.

Mit dem Barock wurde die Kleidung praktischer. Die Halskrause verschwand und machte einem spitzenbesetzten Kragen Platz.

Ab 1650 wurde die Männermode farbiger verspielter. Besonders opulent zeigt sich dies am Hof des Sonnenkönigs (Ludwig XIV). Erneut vertiefte sich das weibliche Dekolleté.

Beginnend mit 1670 prägte der klassisch, dreiteilige Anzug mit Kniehose („Culotte"), Weste („Veste") und Rock („Juste-

au-corps") prägte die Männermode bis Ende des 18ten
Jahrhunderts.

In der Frauenmode wanderte das Mieder langsam in
die Unterkleidung und wurde enger geschnürt. Die
Kleiderform veränderte sich zusehend. Ab 1730 wurde der
Reifrock kegelförmiger und ausladender, bis Türen verbreitert
werden mussten um den Damen ein einfaches Eintreten zu
ermöglichen. Das Rokoko bietet eine Vielfalt für verspielte
Charaktere.

Mit der französischen Revolution veränderte sich die Mode.
Bald galten die Revolutionsfarben blau-weiß-rot als
unentbehrliche Kleiderattribute.

Nach einigen Jahren besann sich die Frauenmode des antiken
Griechenlandes. Lose getragene Hemdkleider, tailliert unter
dem Busen, setzten gänzlich neue Maßstäbe.
Im Biedermeier setzten sich lange, enge Hosen bei den
Männern durch, Frauen erhielten eine tiefere Taille zurück.
Gleichfalls galt dies für engere Schnürung. Puffärmel
verbreiterten die Schultern, ließen die Taille enger
erscheinen. Mitte des 19. Jahrhunderts versachlichte die
Herrenmode weiter, wurden blasser und dunkler.

Mit dem 20. Jahrhundert veränderten sich Kleidungsstücke
erneut, wurden praktischer.

Schönheitsideale

Schönheit liegt nicht nur im Auge des Betrachters. Sie ist der Schlüssel zur jeweiligen Epoche.
Im Gegensatz zum LARP ist es wichtig sich historisch damit auseinander zu setzen um besonders Frauenrollen besser zu verstehen.

In ihr spiegeln sich die Wünsche und die Bedürfnisse eine Zeit wieder. Fülle oder Mangel an Nahrung zeichnet sich darin ab.

Sieh dir Gemälde an. Betrachte Schönheitsideale Kontext von Zeit, Wirtschaft und gesellschaftlichen Faktoren. Sie helfen dir auch, deinen eigenen Charakter besser darzustellen.

Schönheitsideale der Vergangenheit

<u>Frühgeschichte</u>
mehr auf den Rippen (Venus von Willendorf)

<u>Antike</u>
gut proportioniert – nicht zu dick und nicht zu dünn

Bei Frauen waren kleine, festere Brüste und kräftige Becken erwünscht, Männer sollten athletisch sein. Fette galten als Weichlinge!

<u>Mittelalter</u>
mädchenhaft schlank, kleine feste Oberweite, schmale Hüften

Besonders schöne Frauen hatten helle, blonde Locken, blaue Augen, weiße Haut und rosa Wangen.

<u>Um das 15. Jahrhundert</u>
hohe Stirn

Um dieses Ideal zu erreichen, wurde der Haaransatz gerupft.

<u>Renaissance</u>
Traumbild - üppige Frauen

Wohlbeleibt, mit starken Hüften und ein moderater, hochsitzender Busen, unterstrichen von einem leichten Doppelkinn zeigte wie wohlhabend die Familie war. Für die goldene Mähne griffen Frauen zu Tinkturen, setzten ihr Haar der Sonne aus und flochten sich gelbe oder weiße Seide ins Haar.

<u>Barock</u>
Rubensfigur – je molliger umso besser

<u>ab ca. 1650</u>
das Korsett hielt Einzug

Mann und Frau betrieben einen regelrechten Schönheitskult mit dicken Puderschichten und Perücken.

<u>19. Jahrhundert</u>
Korsett und wenig Make-Up

Frisuren brauchten sehr viel Zeit. Diese ließ sich beim Make-Up einsparen.

Bürgerliche Epoche
Zerbrechlichkeit

Diäten mit Essig und Zitrone sollten das Gewicht reduzieren.
Noble Blässe stand für Wohlhabendes Leben.

Die Kleidung der Männer begann sich zu vereinheitlichen.
Farbe wich dunklen Anzügen.

Ende 19. Jahrhundert
Schlank und aktiv

Puritanische Leistungsethik brachte einen neuen, alten Typus
zum Vorschein. Schlank galt als Beweis für Aktives Leben. Wer
zu fett war, galt als faul und träge.

20. Jahrhundert
schlank und sportlich

Die beginnende Jugendbewegung förderte sportliches
Aussehen. Der Teint durfte natürlicher und brauner werden.
Das Korsett verschwand allmählich.

um 1920
Natürlichkeit oder Vamp

Neben der biederen Hausfrau galt das Ideal mit flachem
Busen, blassem Teint, kurzen Haaren und schwarz
umrandeten Augen.

Später folgten rasante Veränderungen in den Idealen.

Kostüme und Kleidung

wie fange ich an?

> *Die ersten Versuche jemanden zu finden, der für uns Uniformen näht, ging gründlich in die Hose. Wir stießen auf Unmengen Schneider(innen), die zwar Frauenkleider nähen wollten und konnten, doch für Uniformen – Fehlanzeige.*
> *Schließlich erlernten wir selber die Kunst dieser Näharbeiten. Aus der Not wurde sozusagen eine Tugend. Rechne also damit, dass du vermutlich deine Sachen selber nähen wirst.*

Das passende Outfit ist eine personalisierte Darstellung deiner Rolle. Du kannst die Kostüme kaufen, schneidern lassen oder selber nähen.

Selber nähen hat Vor- und Nachteile. Einerseits brauchst du gewisse Grundkenntnisse, andererseits hast du ein absolut individuelles Modell in der Hand, das kein anderer in vergleichbarer Weise besitzt.

Selbst dein Kostüm zu fertigen bedeutet „Liebe zum Detail" und „Lernprozess" in einem. Besitzt du keine Basis-Nähkenntnisse, dann hast du viel zu lernen. In diesem Fall fängst du bei den einfachsten Dingen an. Oder Stücken, die sich leicht unter den Oberschichten verbergen lassen. Die Sachen müssen nicht perfekt sein!

Recherche

- Was ist für die gewählte Epoche typisch?
- Existieren Originale und/oder Anleitungen, nach denen du nähen kannst?
- Weißt du, welche Materialien, Farben und Schnitte du brauchst?
- Kennst du die korrekte Art des Bindens, Schnürens und Tragens?
- Was wurde in welcher Schicht getragen?

Schichtaufbau

Die Kleidung hilft dir das Zeitgefühl nachempfinden. Fang am besten bei der passenden Unterwäsche an. Auf ihr baut alles auf. Du erschaffst damit eine korrekte, zeitgemäße Silhouette. Rechne damit, dass das Tragegefühl mit der heutigen Kleidung nur bedingt harmoniert.

Arbeite dich schichtweise vor, bis du bei den äußeren Schichten angelangt bist.

Schnittmusteranpassung und Prototyping

Verzichte lieber auf Kostüme von Faschingsausstattern. Zumindest, wenn du ernsthaft reenacten möchtest.

Manche Firmen (und Privatpersonen) nähen für dich gegen entsprechende Bezahlung auch historisch korrekt. Das bedeutet sie nähen noch mit der Hand. Dementsprechend hoch sind die Kostümkosten.

Traust du dich selbst drüber, dann kauf dir historische Schnittmuster oder scann aus Büchern Schnitte ein und bereite sie für dich auf.

Als erstes stellst du einen Prototypen aus Papier her. Diesen kannst du leicht an dich anpassen. Als nächstes brauchst du billigen Stoff. Daraus entsteht der erste Stoffprototyp. Erst, wenn du damit zufrieden bist, solltest du dich an das endgültige Modell wagen.

Mit der Zeit bekommst du einiges an Erfahrung. Anfänglich wirst du dich verschneiden oder etwas nähen, das dir so nicht gefällt. Du kannst anderweitig zusammenstückeln.

Historisch gesehen haben das die Näher und Schneider nicht viel anders gemacht. Stoff war teuer und musste möglichst gut genutzt werden.

Kommst du nicht weiter, dann frag ruhig erfahrene Reenactor. Diese haben Kenntnisse, die dir anfänglich noch fehlen.

> *Tipp:*
> *Nimm mehr Nahtzugabe, als du brauchst. Ist das Kleidungsstück zu eng kannst es damit leicht erweitern. Umgekehrt wird es schwieriger.*

Besonders aufwändige Kostüme brauchen entsprechend viel
Zeit, Liebe zum Detail und Geduld. Je nach Kenntnissen und
verfügbarer Zeit wirst du einige Monate an Arbeit rechnen
müssen.
Die Ergebnisse sprechen für sich.

Das Ergebnis ist ein einzigartiges Unikat, das nur in deinem
Kleiderkasten hängt!

<u>Basiskenntnisse</u>

Stoffe haben unterschiedliche Eigenschaften. Sie sind aus
verschiedenen Materialien gefertigt, von denen nicht alle
brauchbar sind.

<u>Historisch brauchbar:</u>
 Naturfasern wie Baumwolle, Wolle, Leinen oder
Brennnesselfasern

<u>Historisch passende Verarbeitungsmethoden:</u>
Weben, Nadelbindung, Stricken, Häkeln, Wirken, Filzen und
Walken

Lerne die Materialien kennen, die du nutzen willst. Gleiches
gilt für die Verarbeitungsmethoden. Dazu bieten sich
Nähkurse für Anfänger ebenso an, wie einfaches
Experimentieren. Je nach Talent und Kenntnissen bitte um
Hilfe, wenn du nicht mehr weiter weißt.

Lederarbeiten

Leder gehört für viele, historische Charaktere einfach dazu. Besonders deutlich wird dies bei Schuhwerk und verschiedenen Accessoires. Darunter fallen beispielsweise Sandalen, Gürtel, Gürteltaschen, Lederfeldflaschen, Lederkrüge, Bolzenköcher, Schwerter- und Dolchscheiden, Kartuschtaschen, Tornister, Tschakos, Sättel, Mäntel, Holster und selbst Teile von Möbelstücken.

Wie bei den Stoffen gibt es auch hier Unterschiede in Farbe, Stärke und Beschaffenheit. Du kannst natürlich auf künstliches Leder ausweichen, wenn dir das wichtig erscheint. Achte in diesem Fall darauf, dass das Imitat echtem Leder täuschend ähnlich sein sollte. (Gleiches gilt auch für Pelze!) Solange sie dem Echten zum Verwechseln ähnlich sind, gehen Imitate in Ordnung.

Vorlagen findest du in Handbücher für Lederarbeiten, Fundberichten oder Skizzen- und Vorlageblätter von Manufakturen.

Historisches Schuhwerk

Dafür bieten sich beispielsweise folgende Lederarten/Stärken an:

Oberleder:
Vegetabiles Rinds/Kalbsleder -Stärke mindestens 2 mm
Sohlenleder/Boden:
Vegetabiles bzw. Grubengegerbtes Rindsleder - Stärke mindestens 4 mm

<u>**Lederpflege**</u>

Die richtige Lederpflege ist sehr wichtig.

Kein Trocknen am Feuer oder anderen Hitzequellen über
45°C. Das führt zu dauerhafter Lederveränderung. Dabei setzt
sich Pech/Wachs ab und der Schuh verliert die ursprüngliche
Widerstandskraft.

Manch historisches Schuhwerk ist benagelt. Falsche Pflege
kann zu Ausfall von Schuhnägeln führen.

Vor und Nach dem Tragen sollten vor allem Schuhe und
Stiefel immer gut eingewachst oder mit Fett versorgt werden.
Dazu bieten sich fertige Wachsmischungen vom guten
Schuster an.

Schuhwerk war früher teuer. Historisch korrekte Nachbauten
sind es immer noch. Pflege dein Schuhwerk gut, dann hast du
lange Zeit etwas davon.

Bei Bedarf lass sie reparieren. Das ist billiger, als wenn du
ständig neue kaufen musst.

<u>**Schmiedearbeiten**</u>

Sowohl Stoff als auch Leder lassen sich leicht in Wohnungen
bearbeiten. Bei Schmiedearbeiten sieht es ganz anders aus.
Dazu brauchst du mehr als „Nadel und Faden". Dafür
benötigst du entsprechendes Werkzeug und eine
Schmiedestelle.

Vereinzelt bieten Schmieden Kurse für Einsteiger an. Dort kannst du beispielsweise ein kleines Messer, einen Dolch oder andere einfache Schmiedearbeiten für dich selbst fertigen.

Deine Entscheidung – bis zu eine gewissen Grad

Stoffe-, Leder- und Schmiedewerke lassen sich allesamt käuflich erwerben. Wie viel bist du bereit zu zahlen? Für manche Epochen lassen sich sogar Originale erwerben. Besonders im militärischen Reenactment gibt es Uniformteile und Ausrüstungsgegenstände die nie ausgegeben wurden.
Darunter fallen Plastikfeldflaschen, Abzeichen und vieles mehr. Ironischerweise sind diese oft sogar billiger und authentischer als würdest du sie selber nachbauen. Natürlich kommt es darauf an, welche Epoche du gewählt hast!

Personalisieren

Deine Rolle unterliegt verschiedensten Kleidungsvorschriften. Besonders für militärisches, medizinisches und geistliches Personal gab und gibt es gewisse Regeln. Als Zivilist ist das Spektrum meist etwas biegsamer.

Personalisieren geht IMMER! Sei es mit Kleinigkeiten als Zierde oder die Wahl des Stoffes und/oder Farbe. Manchmal lassen sich Schnitt oder Form variieren, dann sind es Accessoires, die dein Outfit „verändern".

Sei kreativ! Es ist deine Rolle, dein Charakter, mach was draus!

Lebensgefühl

LARP und Reenactment haben eine Gemeinsamkeit – du bist dein zweites Ich. Das war die erste Gemeinsamkeit, die wir erkannten. (Abgesehen von den Vorbereitungen für die jeweiligen Rollen). In beiden Fällen ist das Lebensgefühl etwas Besonderes – und genau darum machen wir das ganze doch wirklich!

Das Lebensgefühl im Reenactment ist einer der Hauptgründe für dieses Hobby. Als Reenactor kannst du die alltäglichen Probleme, Sorgen, Kummer und vieles mehr für eine gewisse Zeit hinter dir lassen. So ist es kein Wunder, wenn viele dadurch ein Thema für ihr ganzes Leben gefunden haben.

Es verbindet einen mit den Träumen, Ängsten, Hoffnungen der Menschen vergangener Zeiten. Dabei wird deutlich, dass sie unseren durchaus ähnlich sind.

Wir lernen nicht nur aus der Vergangenheit, sondern fühlen uns mit ihr verbunden. Es ist eine besondere Zufriedenheit, wenn das Gefühl da ist, „angekommen zu sein".

Achte von Beginn an darauf, gröbere Schnitzer zu vermeiden. Verzichte auf modernes Equipment, das es zu „ deiner" Epoche noch nicht gab. Achte auf die richtige Bewaffnung (ein Revolver hat im amerikanischen Bürgerkrieg genauso wenig verloren wie ein Maschinengewehr im Mittelalter oder eine moderne Nähmaschine im antiken Pompeji). Koche mit Lebensmitteln und Rezepten, die der gewählten Epoche entsprechen.

Willst du rasch eintauchen, dann hör Musik jener Zeit. Viele Lieder tragen die Stimmung der Epoche in sich, drücken Heimweh, Freude oder andere Emotionen aus. Sieh dir Filme an, lies Bücher von Zeitzeugen, betrachte Fotos und Gemälde an, besuche Denkmäler und Museen. Besuche Treffen von Veteranen und sprich mit ihnen. Das und vieles mehr verschafft dir einen Zugang zu längst vergangenen Welten.

Möglichkeiten, Verhalten und Benehmen

Jede Epoche verlangt ein bestimmtes, typisches Verhalten. Fast immer galten für Mann und Frau unterschiedliche Vorgaben. Meist sollten Frauen schüchtern und zurückhaltend sein, Männer hingegen fordernd und selbstsicher. Auch, wenn wir heute über Hofzeremonielle lachen, so sind sie doch gute Anhaltspunkte!

Im bürgerlichen und bäuerlichen Umfeld galten andere Regelungen als im Adels- und Königsumfeld. Eine höher gestellte Frau darzustellen bedarf entsprechender Kenntnisse in höfischem Verhalten, Tanz- und Musik.

Vielfach gaben sich Frauen extrem weiblich um einen „Versorger" (Ehegatten) für sich zu gewinnen. Vergessen wird gern, dass es in früheren Epochen viele, allein stehende Frauen gab. Sie arbeiteten in Versorgungsdiensten

(Haushalt,…), Pflegeberufen (Krankenschwestern,…),
modischen Bereichen (Näherinnen,…), Landwirtschaft
(Mägde,…) und vieles mehr. Im ländlichen Raum waren
Frauen oft Mägde im Haus der eigenen Familie.
Adeligen Frauen standen hingegen meist nur Gesellschafterin
oder Gouvernante offen.

Die einzige, gesellschaftlich akzeptierte Alternative zur
Hausfrau und Mutter war häufig das Klosterleben. Meist
entschieden das die Familien gegen den Willen der Frau. Je
nach Orden konnten selbst Bettlerinnen in die Klöster
eintreten.

Männer „dienten" vorrangig dem Erhalt der Familie oder dem
Dienst am Göttlichen. Geld- und Wissenserwerb galten als
Tugenden. Forschungsdrang und vieles mehr durften sie sich
auf die Fahnen schreiben. Sie konnten Offiziere, Juristen oder
Mediziner werden.
In niedrigeren Rängen arbeiteten sie meist als Knechte oder
kämpften als Soldat oder Söldner. Alternativ konnten sie in
Klöster eintreten und als Mönch dem Göttlichen dienen.

Frauen wie Männer hatten nur selten die Chance ihrer
eigenen Schicht zu entkommen. Ehepartner entstammten im
Regelfall der eigenen Schicht.

Abseits der Gesellschaft lebten im Regelfall Hirten, Einsiedler,
reisendes Volk, Schausteller, Diebe und das horizontale
Gewerbe. In diesen Gruppen hatten erstaunlich oft Frauen
das Sagen.

Musik und Tanz

Lieder, Musik und Tanz war in nahezu jeder Epoche wichtig.

Doch sogar hier gab es vereinzelt Ausnahmen. Besonders deutlich war dies unter dem Reformator Johannes Calvin zu sehen. Verfolgt in Frankreich, ging er nach Genf, wo er mit seinen Reformen begann die Moral der Menschen streng zu überwachen. So wurde das öffentliche Leben strikt reglementiert. Tanz, Glücksspiel und andere Vergnügungen wurden verboten. Dieses einfache Leben gewann viele Anhänger von Frankreich bis in die Niederlande.

Menschen wollten stets ihr Leben nach ihren eigenen Vorstellungen gestalten. Vielfach gab es Bestrebungen Tanz und Musik zu unterbinden, um sich auf „wichtigere" Aspekte zu konzentrieren.

Von der Antike bis heute gab es verschiedenste historische Musikinstrumente, die teilweise einen neuerlichen Boom erleben. Dies gilt vor allem für Mittelaltermusik. Historisch angehauchte Bälle spielen Musik aus Rokoko, Barock und Renaissance, Walzer und Kreistänze finden sich in diversen öffentlichen Veranstaltungen wieder.

Wer Besonderes mag, hört sich Kirchliches wie gregorianische Choräle an. Andere nutzen eigene Trommeln um Musik zu machen.

Ohne es zu wissen, nutzen viele Menschen, die sich für Geschichte nicht interessieren, bis heute historische Musik- und Tanzelemente.

<u>**Ernährung, Küche und Essen**</u>

Wüsstest du, wie groß die durchschnittliche Portion in den 1960er Jahren war? Weißt du, wie viel auf den sonntäglichen, gutbürgerlichen Tisch des 19. Jahrhunderts kam?

Historische Rezepte können faszinierend und ausgesprochen lehrreich sein. Hier geht es nicht um einen Trend in der Ernährung oder die Vermittlung von „gesunder Ernährung", sondern darum eine Epoche mit Magen und Sinnen zu „er"schmecken.

- Verschiedene Epochen kochten mit großen Gewürzmengen. Besonders deutlich wurde das im Mittelalter. Überpfeffertes Essen galt damals als Luxus, heute ist es deswegen kaum genießbar.
- Vegetarische Bewegungen gab es schon vor langer Zeit. Besonders stark ausgeprägt zeigt sich hier das 19. Jahrhundert.
- Lebensmittel wie Kartoffel, Mais und Tomaten kommen aus Amerika.
- Nudeln brachte Marco Polo aus Asien mit.

Befass dich mit historischen Rezepten, dazu gibt es einige Bücher im Handel, die sich darauf konzentrieren historisches Wissen leicht und einfach zu vermitteln.

> *Tipp:*
> *Probier Rezepte aus, bevor du sie auf einem Event kochst. Kleinigkeiten kannst du dabei schon anpassen.*

Kräuter und Medizin

Zu den bestversorgten, medizinischen Epochen gehörten das alte Ägypten und das antike Griechenland. Mit dem „dunklen Mittelalter" und der beginnenden Neuzeit versank viel an Wissen im Nichts.

Pest, Pocken, Cholera und andere Seuchen schob man gern Gott unter, als würde er damit die „böse Menschheit" für die Sünden strafen wollen. Anatomiekenntnisse blieben zu manchen Epochen absolute Mangelware.

Nur wenige konnten es sich leisten, ausgebildete Ärzte zu besuchen. Vor allem im ländlichen Gebiet, übernahmen Heiler(innen) und Hebammen die Aufgabe der Heilung.

Wer Kräuterkundige darstellen möchte, sollte zumindest rudimentäre Kenntnisse aufweisen. Auch dafür gibt es sehr gute Bücher, die im Handel erhältlich sind. Besonders empfehlenswert sind die überlieferten Kenntnisse der Heilkundigen Äbtissin Hildegard von Bingen.

Militärische Rollen

Historische Konflikte haben bis heute vieles stark verändert und geprägt. Unsere Entscheidung ein „Alter Ego" auf Militär zu setzen lag in unseren früheren LARP-Charakteren begründet. Wir kamen erst sehr spät drauf, wie unterschiedlich LARP und Reenactment hier sind. Weit mehr noch, als bei zivilen Charakteren.

Militärische Rollen sind knifflig und oft als Herausforderung zu verstehen.

Seit Menschengedenken haben kriegerische Lösungen die Landkarten neu geformt. Kriege, bewaffnete Konflikte und Militäreinsätze waren für die meisten Herrscher notwendig um ihre eigenen Interessen zu wahren und Land zu gewinnen. Das führte häufig zu hohen Schulden, die noch über Generationen später zu begleichen waren.

Ein Mann des einfachen Volkes hatte nur wenige Möglichkeiten sein Schicksal selbst zu wählen. Entweder er trat in die Fußstapfen seines Vaters, ging ins Kloster oder zum Militär.

Familien steckten ihre minderjährigen Söhne häufig in Militärschulen. Dort bekamen sie Bildung, die sonst kaum leistbar war.

Frauen hingegen blieb das Militär fast immer verschlossen. Allerdings hielten sich nicht alle Frauen an die üblichen Konventionen. Geschichtlich belegt gab es viele, die sich verkleideten und ihren „Mann" standen, indem sie für ihr Land, ihr Volk und die Freiheit zu kämpfen.

Fitnesstraining

Bei vielen anderen Charakteren vernachlässigbar, ist im militärischen Reenactment ein Minimum an Fitness sinnvoll und erwünscht.

Besonders bei Events, die eine historische Schlacht nachstellen, möchtest du sicher nicht nach der ersten halben Stunde keuchend aufgeben, weil dir die Fitness fehlt. Je höher die Temperaturen steigen, umso leichter kann es zu Erschöpfungszuständen und Schlimmerem kommen.

Manche Historiengruppen bieten Trainingsmodule nach originalen Vorbildern an. Häufig inkludiert das Waffendrill und gemeinsames Marschieren. Richtig aufgezogen kann das unglaublich viel Spaß machen. Besonders die Napoleonik hat einige Gruppen, die das nahezu professional machen. Meist in Kombination mit Grillabenden.

Je nach Wahl der Rolle ist es sinnvoll „historisches" Training anzudenken. Dazu eignen sich Krafttraining im Fitnesscenter, regelmäßiges Lauftraining und vieles mehr. Das Training sollte dir aber liegen. Sonst hörst du nach wenigen Einheiten wieder auf, weil es dir einfach keinen Spaß macht.

Im Handel gibt es verschiedene Trainingsbücher realer Einheiten. Gut bebildert helfen sie dir auch einfachste Einheiten zu verstehen und sie zu üben.

Finde heraus, was dir am besten liegt, dein Körper und deine Verbindung zur Rolle werden es dir danken!

Frauen im Militär

Passen Frauen und Militär überhaupt zusammen? „Klassische Soldaten" sind schließlich doch Männer. Gibt es weibliche Krieger, die nicht dem „Stamm" der Amazonen angehören?

Das wird allzuleicht verneint.

Leider schlägt sich dieser Gedanke auch im Reenactment und „Living-History-Gruppen" nieder. Vielfach werden Frauen, die Soldatencharaktere darstellen wollen schlichtweg abgelehnt. Einige wählen dann weiblichere Charaktere, andere ziehen sich aus dem Hobby wieder zurück. Dabei wären diese Personen durchaus als Bereicherung zu sehen.

Amerikanische Gruppen hingegen nehmen Frauen in militärischen Rollen offener auf.

Generell gilt:
Darstellen sollte jeder das dürfen, was ihm/ihr wichtig ist und er/sie auch darstellen kann. Wobei es kompliziert wird, sollte eine Frau Napoleon oder ein Mann Maria Theresia darstellen wollen. Bei beiden ist es schwer genug jemanden zu finden, der (optisch) dem Original entspricht. Bestimmte historische

Charaktere sollte nur jemand darstellen, der optisch ähnelt
oder sich wie eine gute Kopie herrichten kann.

Was ist mit dem Fußvolk, dem einfachen Soldaten? Es gab
IMMER Frauen, die als Männer verkleidet in den Krieg zogen.
Vielleicht waren es nicht viele, aber es gab sie.

Wie steht es um die „offiziellen" Möglichkeiten für Frauen?

historische Krieg
(Sezessionskrieg, Unabhängigkeitskrieg,…)

Frauen verteidigten ihr Heim mit den vorhandenen Waffen,
halfen Sklaven auf der Flucht, sammelten für Soldaten,
kümmerten sich um Ernährung und Verpflegung.
Offiziell gab es Frauen im Militär vorrangig im Sanitätswesen.
Krankenschwestern und Pflegepersonal wurde gebraucht.

Weltkriege und spätere Konflikte

Der Zweite Weltkrieg brachte amerikanische Frauen in
verschiedenste Aufgabengebiete. Sie arbeiteten in der
Technik, Medizin, Büro und vielem mehr, übernahmen
Männerarbeiten und flogen Maschinen. Bald schon gab es
Frauen selbst in bisher unerreichbare Abteilungen des
Militärs. Sie ersetzten Männer, die im Einsatz im Feindesland
tätig waren.

Unerlässlich galten sie für den medizinischen Sektor. Als
Journalistinnen trugen sie manchmal Uniform.

Auch in anderen Ländern dienten sie. Russland und der Vietcong verfügten über exzellente Scharfschützinnen. Im Kommunismus gab es spezielle Abteilungen für Frauen im Militär. Deutschland experimentierte in den letzten Kriegsjahren mit eigenen Frauenbataillonen. In diesen galt die Panzerfaust als die „ultimative" weibliche Waffe.

Lediglich Japan stellt hier eine Ausnahme dar. Japan verbot ALLEN Frauen den Einsatz. Vielleicht gab es sie vereinzelt, aber soweit bekannt, gibt es keinen einzigen Beleg. Der Grund liegt im Verständnis des Volkes und im Umgang miteinander.

Frauen in militärischen Rollen sind zwiespältig. Reenactment-Gruppen, die Frauen auf rein weibliche Rollen reduzieren, fehlt manchmal lediglich die nötige Information. Hier können Bildbelege helfen. Wenn du bei einer Gruppe mitmachen möchtest, informiere dich vorab, über die dort existierenden Möglichkeiten deiner Wunschrolle. Sonst ist die Enttäuschung groß und eine Abkehr vom Wunschhobby leider wahrscheinlich!

<u>Achte die Toten!</u>

Hast du dich für einen militärischen Charakter entschieden, rede mit noch lebenden Veteranen wie sich Krieg anfühlt. Kriege und Schlachten nachzustellen bedeutet weit mehr als eine hübsche Uniform und Orden zu tragen.

Kriegszeiten waren im Regelfall hart und entbehrungsreich.

Rechtliches

Wie überall gibt es auch hier verschiedene Regeln. Als Anfänger dachten wir kaum über Konsequenzen nach oder dass gewisse Sachen reglementiert sein könnten. Wir dachten, die Vergangenheit sei „Niemandsland". Doch wir irrten uns. Das lernten wir durch Gespräche mit anderen Reenactor.
Besonders durch die modernen, technischen Möglichkeiten kamen neue Themen auf.

Auszeichnungen und Orden

Orden und Auszeichnungen sind im Regelfall als Anerkennung für eine besondere Leistung zu verstehen. Als Reenactor solltest du wissen, wofür der jeweilige Orden steht, den du dir anstecken möchtest. Orden wie das „Purple Heart" werden nicht grundlos Gründen vergeben. Wie Flaggen stehen sie für etwas, beispielsweise für eine ganz besondere Leistung!

Auszeichnungen sind eine Sache, Orden eine andere. Je länger der Konflikt (in den du deinen Charakter ansiedelst) her ist, umso leichter wird es. Es darf keine Verwechslungsgefahr zu tatsächlichen Ordensträgern bestehen.

Im öffentlichen Raum kannst du für dein „Lametta" durchaus schiefe Blicke ernten!

<u>**Urheberrecht**</u>

Besonders wichtig ist das Thema Musik! Im privaten Rahmen oder bei geschlossenen Veranstaltungen ist das Thema weniger heikel.
Ist die Veranstaltung frei zugänglich solltest du dich vorab über das Urheberrecht erkundigen. Wer dieses Recht missachtet, kann mit empfindlichen Geldstrafen belangt werden.

Regulär endet es 70 Jahre nach dem Tod des Rechteinhabers.

Musik aus früheren Epochen (Mittelalter, Sezessionskrieg,…) lassen sich meist relativ problemfrei nachspielen. Achte darauf, dass es keine Neuinterpretation einer Gruppe oder Band ist.
Ganz anders sieht die Sachlage beispielsweise bei Musik der 60er Jahre aus.

<u>**Recht am eigenen Bild**</u>
<u>**Actioncams und Drohnen**</u>

Hier kommt es auf das Event und den jeweiligen Veranstalter an. In manchen Fällen gibst du das Recht am eigenen Bild ab, in anderen nicht. Hier zählt, was du unterschreibst!

Kommst du später drauf, dass du eine erteilte Freigabe doch nicht möchtest, dann hilft Klagen und Jammern wenig. Allerdings ist es meist möglich, sich mit den Veranstaltern noch nachträglich zu einigen.

In den letzten Jahren kamen Drohnen und Action-Cams auf den Markt. Diese mögen eine großartige Sache sein. Filmen sie einen, ohne, dass man das möchte, ist das richtig nervig! Nutzt derjenige die Bilder nur für sich im stillen Kämmerlein ist das vielleicht unangenehm. Stellt er/sie die Aufnahmen in verschiedene Plattformen, kannst du rechtlich vorgehen. Sofern du das möchtest.

Wer filmt und fotografiert, hat das „Recht am eigenen Bild" zu wahren. Anders wird es, wenn derjenige eine große Gruppe aus weiter Entfernung ablichtet. Frage dazu: Wie gut ist die einzelne Person im Mittelpunkt zu erkennen?

Über dieses Thema gehen die Meinungen weit auseinander. Viele Reenactor freuen sich darüber und nehmen es als Kompliment für ihre Ausrüstung. Wer sich dann auf einem „verkaufbaren Bild" wiederfindet, dem fällt die Kinnlade meist runter. Einfach, weil ein anderer damit Profit macht!

Es ist deine eigene Entscheidung, wie weit du damit einverstanden bist. Doch wie alles im Internet, kann es in späteren Jahren Fluch oder Segen sein.

Solltest du zu jenen gehören, die gern und viel filmen und fotografieren, dann frag deine Mit-Reenactor vorher, ob sie damit einverstanden sind. Gern gesehen sind meist gestellte Fotos, für die sich jemand in Pose wirft. Innerhalb eines Events ist es besser, Drohnen und Cams beiseite zu lassen. Sie haben im Regelfall dabei nichts verloren!

Tipp:
Besonders bei öffentlichen Veranstaltungen ist es für deine Persönlichkeitsrechte wichtig, dem Fotografen oder Filmer zu sagen, dass du nicht zustimmst, wenn du das nicht möchtest. Bedenke: Urheber- und Nutzungsrecht liegen beim Fotografen, nicht beim Abgebildeten!

Behördliche Meldung

Behördlich gemeldete Events sichern den Veranstalter vor möglichen Problemen ab. Dies gilt umso mehr bei Militärthemen! Außenstehende können den Event sonst leicht missverstehen.

Veranstalter sollten sich rechtzeitig über die geltenden Regelungen informieren. Zeitgerecht bei Behörde und/oder Polizei vorstellig werden ist notwendig! Im Regelfall sind sie ohnehin freundlich und hilfsbereit. Meist kann der Bürgermeister mit „deinem" Event sogar Geld in die Gemeindekassa spülen. Dazu muss die Veranstaltung vor allem familientauglich sein.

Natürlich kommt es auf die Art der Veranstaltung an. Ein „Mittelaltermarkt" ist anders zu gestalten, als die Darstellung eines historischen Schlachtfeldes.

Soll der Event größer aufgezogen werden, gibt es hier ein paar Anhaltspunkte, die zu bedenken sind.

- Informiere mögliche Zuseher durch diverse Medien

- Verteile Handzettel/Flyer um Besucher anzulocken
- Sorge für ausreichende Helfer (Feuerwehr, Sanitäter,…)
- Organisiere Absperrtafeln und andere Absperrmöglichkeiten für Zuseher (Seile, Bänder,…)
- Kümmer dich um eine passende Versicherung vor der Veranstaltung

Veranstalter sind IMMER (mit)verantwortlich für die Sicherheit der Zuseher! Neugierige ignorieren manchmal die gewünschte Distanz. Kommt es aus Versehen zu Problemen ist es wichtig, dich vorab abzusichern.

Spiele ausserhalb deines Landes
Waffen und Munition

Im eigenen Land gibt es nur eine bestimmte Anzahl an Events. Viele fahren in andere Länder um dort Gleichgesinnte zu treffen.

Erkundige dich vorab beim jeweiligen Veranstalter nach Möglichkeiten für Unterkunft, Verpflegung und den geltenden Regeln und Gesetzen für Bewaffnung (sofern du einen militärischen Charakter darstellst).

Echtwaffen, ebenso wie Airsoftmarkierer, benötigen möglicherweise Dokumente um sie legal mit dir zu führen. Vielleicht brauchst du einen europäischen Feuerwaffenpass oder sie müssen bestimmten FPS-Regeln (bei Airsoftmarkierern die Härte und Intensität der Schussfolge) befolgen. Der jeweilige Veranstalter sollte sich auskennen oder zumindest wissen, woher du die Informationen bekommen kannst.

Gleiches gilt für den Transport von jeglicher Art Munition (Patronen, Schießpulver, BB).
Papierpatronen, solange sie keine Zündhütchen enthalten, unterliegen in manchen Ländern weniger der Waffen- als vielmehr dem Sprengstoffgesetz. Kartuschenmunition bezieht sich dabei auf „Platzpatronen" oder „Manövermunition".

Wer im Besitz einer Deko- oder Theaterwaffe ist und diese lediglich als Zierde nutzen möchte ist in diesem Fall meist besser dran. Dennoch ist auch dafür sinnvoll vorab nachzufragen!

Jugendliche im Militärreenactment

In historischen Konflikten gab es oft sehr viele Minderjährige in den Schlachten. Viele marschierten als Trommler mit, andere nutzten selbst verschiedene Waffen.

Heute sehen die Waffengesetze ein bestimmtes Mindestalter vor. Meist darf erst ab Volljährigkeit eine Waffe geführt und/oder genutzt werden. Dazu sollten die jeweiligen Landesgesetze befragt werden.

Fettnäpfchen

Wer (wie wir) leicht in Fettnäpfchen tritt, der wird einiges erleben. Vieles ist hinterher nur peinlich. Manches bringt einen später zum Lachen.

Die meisten kannst du leicht vermeiden.

Was ist zu beachten, wenn du in keine treten willst?

- **<u>Authentizität – sei authentisch</u>**

  Reenactor mögen es, wenn du Belege, alte Fotos, Hintergrundmaterialien, Dokumente und andere Originale besitzt oder darauf verweisen kannst. Damit kannst du Gesagtes belegen. Hörensagen alleine reicht nicht aus.

- **<u>Historische Darstellungen</u>**

  Gefallen dir historische Persönlichkeiten, wie sie in verschiedenen Filmen und Serien gezeigt werden? Vergleich einmal die Darstellungen von Braveheart oder Spartakus mit einem Seriencharakter aus „NAM – Tour of Duty" oder „Band of Brothers".

  Ziehst du Film- und Seriencharaktere heran, dann sollte deren Darstellung möglichst authentisch sein. Konzentriere dich hier mehr auf Dokumentarfilme, denn auf Blockbuster!

  Besser noch, du orientierst dich an realen,

historischen Persönlichkeiten. Dazu kannst du
beispielsweise Biografien nutzen

- **<u>Was bist du bereit darzustellen?</u>**
  Nenn dich nicht etwas, das du nicht willens bist
  adäquat darzustellen und dir die Ausrüstung zu
  organisieren. Es ist eine tolle Vorstellung
  Scharfschütze, Prinzessin oder schlicht Bauer zu
  mimen. Bist du wirklich bereit dich auf die gewählte
  Figur einzulassen?

- **<u>Reales Equipment bevorzugen</u>**
  Vielfach führen LARP-Shops schöne Stücke, die du
  auch für Reenactment nutzen kannst. Leider sind sie
  oft nicht korrekt und sollten daher vermieden
  werden.
  Eine echte Ritterrüstung ist schwer, ein Ghillie
  (Tarnanzug für Scharfschützen) unhandlich, alte
  Schuhe müssen erst hergerichtet werden, manche
  alten Kleiderschnitte sind unpraktisch und vieles
  mehr.
  LARP-Sachen sehen zwar schön aus, sind aber meist
  nicht authentisch! Halte dich beim Reenacten an
  Originale!

Ist deine Ausrüstung wirklich authentisch? Überprüfe es. Dazu
kannst du Fachliteratur heranziehen. Sieh dir
Dokumentationen an und geh in Museen. Besuche
Veteranenveranstaltungen. Selbst Statuen bieten sich an!

Möglichkeiten zur Überprüfung findest du sehr viele! Halte
einfach die Augen offen.

Nachwort

Reenactment ist ein außergewöhnliches Hobby. Mit anderen ist es kaum zu vergleichen. Du wirst deine eigenen Erfahrungen damit machen. Viele werden gut sein, einige weniger gut. Die meisten jedoch sind schön. Du wirst Seltsames und Kurioses erleben.

Reenactment ist eine eigene Welt, neben dem Alltag. Bietet dir die Möglichkeit etwas anderes zu erfahren und zu erleben. Du lernst verstehen, wie die Vergangenheit war und wie die Menschen früher tickten.

Egal, wie du dieses Hobby angehst. Du wirst eine ganz eigene Verbindung zur Vergangenheit herstellen mit jedem Augenblick, den du damit zubringst.

Das kann dir keiner nehmen! Freu dich auf eine ganz besondere Welt, die wie für dich geschaffen ist!